BEI GRIN MACHT SICH IHR WISSEN BEZAHLT

Bibliografische Information der Deutschen Nationalbibliothek:

Die Deutsche Bibliothek verzeichnet diese Publikation in der Deutschen National-
bibliografie; detaillierte bibliografische Daten sind im Internet über http://dnb.d-
nb.de/ abrufbar.

Impressum:

Copyright © 2019 GRIN Verlag
Druck und Bindung: Books on Demand GmbH, Norderstedt Germany
ISBN: 9783346044150

Dieses Buch bei GRIN:

https://www.grin.com/document/500517

Anonym

Lerntagebuch. Wie wird Sprachkompetenz an Schülerinnen und Schüler mit Migrationsgeschichte vermittelt?

GRIN Verlag

GRIN - Your knowledge has value

Der GRIN Verlag publiziert seit 1998 wissenschaftliche Arbeiten von Studenten, Hochschullehrern und anderen Akademikern als eBook und gedrucktes Buch. Die Verlagswebsite www.grin.com ist die ideale Plattform zur Veröffentlichung von Hausarbeiten, Abschlussarbeiten, wissenschaftlichen Aufsätzen, Dissertationen und Fachbüchern.

Besuchen Sie uns im Internet:

http://www.grin.com/

http://www.facebook.com/grincom

http://www.twitter.com/grin_com

Inhaltsverzeichnis

I

1.   Einleitung

1.1 Eindrücke von der Schule

Dieses Lerntagebuch beinhaltet die Reflexion über meinen eigenen Lernprozess. Dazu gehören die erworbenen Inhalte und Handlungspraxen im Förderunterricht, in den Ausbildungs- und Reflexionsseminaren sowie im gesamten Lehramtsstudium.

Das Modell ist am Anfang des Lehramtsstudiums vorgesehen und dient zum einen dazu, sich genauer über den Beruf zu erkundigen und zum anderen, verschiedene theoretische Kenntnisse in die Praxis umzusetzen. Die Förderstunden habe ich an einem Gymnasium in Nordrhein-Westfalen gegeben. Das ist auch die Schulform, die ich zusammen mit der Gesamtschule studiere. Das Gymnasium hat 81 Lehrerinnen und Lehrer und circa 1000 Schülerinnen und Schüler.

Um die Interessen und Talente der Schülerinnen und Schüler zu fördern, werden besondere Förderungen angeboten. Die Schule bietet den Schülerinnen und Schülern an einen naturwissenschaftlichen Schwerpunkt durch das MINT-Konzept zu setzen. Ab der fünften Klasse haben die Schülerinnen und Schüler dann die Möglichkeit ihre naturwissenschaftlichen Fähigkeiten und Fertigkeiten durch experimentelles Vorgehen auszubauen.

Die Schule hat ebenfalls ein besonderes Musikkonzept. Die Schülerinnen und Schüler dürfen sich ab der fünften Klasse entweder für die Chorarbeit oder Bläserarbeit entscheiden. Ich hatte während meiner Hospitation die Möglichkeit bei dem Schnupperkurs für die Chorarbeit dabei zu sein. Den Schülerinnen und Schüler wurde ermöglicht vor einem Publikum aufzutreten. Besonders gut hat mir gefallen, dass die Schülerinnen und Schüler vor der Entscheidung zwischen der Chor- und Bläserarbeit die Möglichkeit bekommen, sich beide Kurse anzuschauen . Außerdem ist das Musikkonzept auch mit dem MINT-Konzept kombinierbar.

Des Weiteren werden in allen Jahrgangsstufen Förder- und Forderstunden in verschiedenen Fächern angeboten, entweder in einem Förderband oder als zusätzlich dem Fachunterricht angegliederte Ergänzungsstunde.

Es wird bis zur vierten Stunde in Doppelstunden unterrichtet, um individuelles Fördern und Fordern, kooperatives Lernen und experimentelles Arbeiten zu verstärken. So sind die Schülerinnen und Schüler meiner Beobachtung nach viel konzentrierter und fokussierter, als wenn sie ständig durch eine fünf-minütige Pause unterbrochen werden.

Von montags bis donnerstags können Schülerinnen und Schüler der Jahrgangsstufen fünf und sechs an der Nachmittagsbetreuung teilnehmen. Die Schülerinnen und Schüler werden dabei bei der Anfertigung ihrer Hausaufgaben unterstützt. Zusätzlich werden auch verschiedene Angebote in den Bereichen Spiel und Sport angeboten.

Da die Schule einen sehr hohe Anzahl an Schülerinnen und Schülern hat, setzen sich die Klassen in der Unter- und Mittelstufe aus circa 30 Schülerinnen und Schülern zusammen. Das Klassenklima in allen Klassen, in denen ich während meiner Hospitation war, war sehr angenehm. Die Lehrerinnen und Lehrer hatten gute Beziehungen zu ihren Schülerinnen und Schülern, sodass auch die Schülerinnen und Schüler kooperierend am Unterricht teilnahmen. Besonders erstaunlich für mich war die niedrige Anzahl an Unterrichtsstörungen und die aktive Teilnahme von vielen Schülerinnen und Schülern an dem Unterricht.

1.2 Biographische Reflexion

Nach Beendigung der Grundschule habe ich bis zur zehnten Klasse eine Realschule besucht. Daraufhin habe ich mein Abitur an einem Gymnasium absolviert. Für mich war das MINT-Konzept nicht neu , da es auch an meiner Realschule angeboten wurde. Das Musik-Konzept gab es auch an meiner Grundschule. Ich war sowohl im Chor als auch in der Instrumental-AG. Dort lernt man verschiedene Instrumente schon als Kind zu spielen. Wir hatten mehrmals die Möglichkeit auf der Bühne zu stehen und aufzutreten.

Dies ist sehr wichtig, denn so wird das Selbstbewusstsein der Schülerinnen und Schüler schon in den frühen Jahren gefördert.

Wenn ich das System der durchgehenden Doppelstunde mit meinen Schulen vergleiche, die immer eine Fünf-Minuten-Pause haben, ist das System der durchgehenden Doppelstunde viel effektiver. Die Lehrerinnen und Lehrer verlieren durch die Fünf-Minuten-Pause keine zusätzliche Zeit, um wieder die Aufmerksamkeit der Schülerinnen und Schüler für den Unterricht zu gewinnen. Außerdem sind die Schülerinnen und Schüler im Gegensatz zu meiner damaligen Klasse auch viel konzentrierter.

Im Vergleich zur meiner eigenen Schulzeit vor allem auf der Realschule war das Klassenklima das Gegenteil der Klassen, die ich beobachtet habe. Viele Schülerinnen und Schüler wollten nichts dazu lernen, somit gab es ständige Unterrichtsstörungen und wenige Schülerinnen und Schüler, die sich am Unterricht aktiv beteiligten. Es ist umso erfreulicher gewesen, dass ich die Erfahrung sammeln konnte, dass es auch ausgezeichnet funktionieren kann.

Sowohl meine Schulen als auch das Gymnasium stellen sich der großen Herausforderung der Heterogenität. Die Schülerinnen und Schüler kommen aus den unterschiedlichsten Kulturen und Nationalitäten. Ein großer Anteil der Schülerinnen und Schüler haben eine Migrationsgeschichte und sind Flüchtlinge, deren Familien aus dem Krieg geflohen sind. Es sind alle unterschiedlichen Kulturen und Nationalitäten willkommen. Dementsprechend werden die Schülerinnen und Schüler in beiden Institutionen individuell gefördert.

Auf meinem Gymnasium hatten wir erst ein Flüchtlingscafé eröffnet. Es waren viele Flüchtlinge bei uns in der Turnhalle untergebracht. So wollten wir im Nachmittagsbereich ihnen die Möglichkeit bieten miteinander ins Gespräch zu kommen und Deutsch zu lernen. Erstmal haben wir angefangen mit dem Alphabet in freien Klassenräumen Deutsch unterrichtet. Danach sind wir alle zusammen in die Cafeteria gegangen und haben, die von uns mitgebrachten Kuchen mit Tee und Kaffee gegessen und versucht uns gemeinsam zu unterhalten. Meiner Meinung nach ist das persönliche Gespräch einer der wichtigsten Faktoren Deutsch bestmöglich zu erlernen. Hierbei ist es auch wichtig, dass man einen kulturellen Austausch erlebt und eine persönliche Beziehung schafft. Es war jede Altersgruppe vertreten. Wir haben das jede Woche mit unserem Schulleiter, zwei weiteren Lehrern und freiwilligen Schülerinnen und Schülern jeder Altersgruppe organisiert. Die Erlebnisse, die mir erzählt wurden, haben mich emotional sehr berührt. Mir ist dann wieder eingefallen, wie gut wir es hier in Deutschland haben.

Später haben wir eine internationale Förderklasse eröffnet, damit die Schülerinnen und Schüler erstmal auf eine gemeinsame sprachliche Ebene kommen. Dort haben wir dann in unseren Freistunden die Lehrerinnen und Lehrer unterstützt. Nachdem die Basis geschaffen war, sind sie auch in die entsprechenden Regelklassen eingeteilt worden. Wir haben auch Tagesausflüge gemacht in den Zoo und in den Kletterpark. Ausflüge sind sehr wichtig, denn so kann man eine engere Beziehung mit den Schülerinnen und Schülern aufbauen. Außerdem lernt man im Alltag mehr Deutsch, als wenn man es nur unterrichtet. Ich habe das Glück, dass ich in dem Dortmunder Modell in einer internationalen Klasse die Assistenzförderung und den eigenständigen Förderunterricht mache.

Ich habe auch schon ein Jahr in der Moschee meiner Klasse Arabisch-Lesen- und Religionsunterricht gegeben. Dadurch weiß ich, wie schwierig es manchmal sein kann, aber auch wie schön es sein kann, wenn man sieht wie die Kinder einen lieben, wenn die Kinder Bilder nur für dich malen oder die Pause mit dir verbringen wollen. Lehrer sein ist echt ein unbeschreiblich schönes Gefühl. Wenn ich meine Schüler privat treffe, umarmen sie mich sofort und fragen jedes Mal wieder, egal wie oft man es ihnen erklärt, warum man nicht mehr unterrichtet.

Darüber hinaus hat man in einem Jahr beim Modell viel Zeit sich selbst zu entwickeln, welches in einem Monat viel schwieriger wäre. Zu sehen, wie die Kinder sich entwickeln und verbessern ist sehr interessant. Man bekommt auch einen viel größeren Einblick in das Schulleben. Sodass man auch besser wissen kann, ob der Beruf Lehrer für einen geeignet ist. Man muss es sehr gut entscheiden. Denn, wenn man nicht geeignet ist, hat dies nicht nur Folgen für die eigene Zukunft, sondern auch für die ganze Gesellschaft.

Da ich auch Schülerin mit Migrationshintergrund bin, weiß ich, wie es ist Deutsch als Zweitsprache zu haben. Meine Erstsprache ist Türkisch. Im Kindergarten habe ich dann Deutsch gelernt. Ich finde bilingual ist der bessere Begriff, denn man spricht dann jeden Tag zwei Sprachen und wächst mit ihnen auf. Es kommt sehr oft zu Interferenzen. Ich kann noch nicht mal sagen, welche Sprache ich besser spreche. Ich kann mir gut vorstellen, dass es bei den meisten so der Fall ist. Ich werde Verständnis haben, wenn mal einem öfters das richtige Wort nicht einfällt, es aber in der Gegensprache aktiviert ist. Man hat immer den Drang beide Sprachen zusammen zu verwenden. Wenn der Gegenüber, aber nicht die Gegensprache beherrscht, muss man diesen Drang unterdrücken.

Aber es gibt auch viele kognitive Vorteile von Bilingualität. Beide Sprachen sind immer gleichermaßen im Gehirn aktiv, da sie in demselben Netzwerk verarbeitet wird. Daher leistet das Gehirn mehr und muss auch mehr können. Das bilinguale Gehirn entwickelt die Fähigkeit diesen Erfahrungswert auf Planung, Steuerung und Überwachung nichtsprachlicher Situationen zu übertragen. So kann das bilinguale Gehirn bei mehrdeutigen Reizen die Aufmerksamkeit besonders kontrollieren, herausragend Informationen bei Reizüberflutung filtrieren und es hat eine starke Beständigkeit bei symbolischen Zusammenhängen. Deswegen sollte man Bilingualität als einen kognitiven Vorsprung sehen.

Wir werden auch im Seminar sehr gut ausgebildet im Thema Deutsch als Zweitsprache. So kann ich mein Hintergrundwissen zu dem Thema noch mehr erweitern. Es ist sehr hilfreich, wenn man weiß, woher die typischen Fehler kommen. Meistens natürlich aufgrund der Interferenz der Erstsprache. Die deutsche Grammatik ist in vielerlei Hinsicht anders als die meisten anderen Sprachen.

Ich habe keine großen Erwartungen an meine Schülerinnen und Schüler. Ich möchte, dass der Unterricht spontan verläuft auch mit Problemen, denn das ist der Normalfall. Man kann nicht erwarten, dass alles problemlos verläuft. Ich erwarte eher von mir selbst, dass ich die Probleme in Ruhe lösen kann, Verständnis für die Schülerinnen und Schüler habe, ihnen außer Fachwissen auch übermitteln kann, wie wichtig es ist den Menschen als Menschen zu akzeptieren unabhängig von seinem Aussehen, seines Geschlechts, seiner Hautfarbe, seiner Behinderung, seiner sozialen Herkunft oder seiner Religion.

2. Lerntagebuch für den 1. & 2. Fördermonat

2.1 Ausgangssituation

In einer internationalen Förderklasse mit 16 Schülerinnen und Schülern unterschiedlicher Altersklassen mache ich die Assistenzförderung. Die internationale Förderklasse ist kulturell sehr heterogen. Es sind Schülerinnen und Schüler aus den verschiedensten Ländern da wie Kenia, Syrien, Serbien, Griechenland, Spanien, Vietnam, Tunesien, Kroatien, Libanon, Bulgarien und Portugal. Insgesamt können die Schülerinnen und Schüler 18 Sprachen. Die Heterogenität stellt keine Hürde dar. Im Gegenteil sie bereichert die Klasse und den Unterricht. Alle Kinder sind erst im Sommer 2018 nach Deutschland gekommen. Die Lehrerin der internationalen Förderklasse hat nur drei Schülerinnen und Schüler vorgesehen, damit sie auch individuell besser gefördert werden. Bei der ersten Schülerin wollten die Eltern leider keinen Förderunterricht. Der zweite Schüler hatte zu der Uhrzeit Nachhilfe. Der dritte Schüler Y. durfte teilnehmen. Er ist zwölf Jahre alt und kommt aus Tunesien. Seine Muttersprachen sind die semitische Sprache Arabisch und die indoeuropäische Sprache Französisch. Ab der zweiten Woche kam die N. dazu. Sie ist 15 Jahre alt und kommt aus Syrien. Ihre Muttersprache ist eines der meistgesprochenen Sprache mit 180 Millionen Sprechern (vgl. Graefen / Liedke 2012, S.19) Arabisch.

2.2 Diagnose

In den ersten drei Wochen hatte ich genügend Zeit für die Diagnose, da nur die Assistenzförderung stattgefunden hat ohne die eigenen Förderstunden. Durch ein vorheriges Gespräch mit der Lehrerin wusste ich, dass alle Schülerinnen und Schüler in der internationalen Förderklasse erst diesen Sommer nach Deutschland gekommen sind und kein Deutsch können.

In der ersten Assistenzförderung sollte ich mich zwischen Y. und M. hinsetzen, weil sie die größten Schwierigkeiten haben. Am Anfang des Unterrichts wurde mitgeteilt, wer für das Ferien-Intensiv-Training, um Deutsch zu lernen, zugelassen wurde. Es gab leider nur sechs Plätze, die gelost wurden. Die Schülerinnen und Schüler, die nicht angenommen wurden, waren sehr traurig und haben auch ständig gefragt, warum sie nicht angenommen wurden. Das hat mir gezeigt wie lernmotiviert sie sind und wie sehr sie die deutsche Sprache erlernen wollen. Im weiteren Verlauf der Unterrichtsstunde konnte ich für meine Diagnose schließen, dass sie erst am Anfang der deutschen Sprache sind. Denn die Schülerinnen und Schüler haben nicht genügend Sprachkenntnisse, um die Erklärungen der Lehrerin zu verstehen, wenn sie z.B ein neues Wort einführen möchte. Das Thema war Herbst und die Lehrerin hat die Vokabeln dazu an die Tafel angeschrieben, jedoch musste sie dazu Zeichnungen machen und sehr viel mit ihrer Körpersprache pantomimisch erklären. Die Lehrerin bediente sich des Öfteren der englischen Sprache, obwohl nicht alle Englisch können.

Es ist sehr erstaunlich zu sehen, wie schnell die Schülerinnen und Schüler Deutsch lernen, da Deutsch eine sehr schwierige Sprache ist. Nach drei Wochen hatten die Schülerinnen und Schüler einen sehr großen Entwicklungsschritt gemacht. Von einzelnen Wörtern konnten sie jetzt schon vollständig Sätze bilden und Fragen stellen. Als die Schülerinnen und Schüler Texte vorlesen sollten, habe ich bemerkt, dass sie Schwierigkeiten bei der Aussprache der Umlaute haben. Als ich in meiner ersten Förderstunde mit Y. gelesen habe, habe ich festgestellt, dass er nicht nur Probleme mit den Umlauten hat sondern auch mit dem Laut [s] und dem Schwa [ə] hat. „Er befindet sich bei Realisierungen unbetonter Vor- und Endsilben" (Graefen / Liedke 2012, S.214).

Ich versuche mich immer wieder selbst in die Lage meiner Förderschülerinnen und Förderschüler zu versetzten, da ich selbst zum Beispiel vier Jahre lang Französischunterricht hatte. Im Gegensatz zu meinen Förderschülern bin ich trotz diesen vier Jahren nicht so weit gekommen. Meiner Meinung nach sollten die Lehrerinnen und Lehrer das auch schätzen und sie dafür loben, sodass ihre Liebe zu der deutschen Sprache und auch zum Lernen steigt.

2.3 Förderung

Bei den Assistenzförderstunden sitze ich in der ersten Reihe zwischen meiner Förderschülerin N. und meinem Förderschüler Y. und helfe ihnen. Wenn Y. und N. keine Schwierigkeiten mehr haben, gehe ich herum und helfe den restlichen Schülerinnen und Schülern in der Klasse.

Bei Gruppenarbeiten übernehme ich die Aufsicht einer Gruppe oder mache auch selbst mit. Z.b hatte ich eine Gruppe von drei Schülern, die eine Einkaufssituation mit Spielgeld vorspielen sollten. Erstmal habe ich die Aufgabenstellung nochmal erklärt, da sie es nicht verstanden haben. Dann habe ich die Verkäuferin gespielt und ein Schüler den Kunden im Supermarkt. Die Schüler haben sich dann abgewechselt bis jeder ein mal in jeder Rolle war. Des Weiteren helfe ich beim Erstellen von Vokabelkarten, da wir nicht genügend Wörterbücher für jede Sprache haben. Die Schülerinnen und Schüler dürfen für die Übersetzung ihre Handys benutzen. Für die Schülerinnen und Schüler, die kein Handy oder kein Internet haben, gehen wir mit der Lehrerin mit unseren eigenen Handys herum und helfen. Insgesamt verlief die Assistenzförderung in den ersten und zweiten Fördermonaten sehr gut. Ich hatte keine Schwierigkeiten.

Ich hatte eher Schwierigkeiten in den Förderstunden, da ich nur ganz wenige Schülerinnen und Schüler hatte, die sich ständig wechselten. Leider hatte ich dann auch Stunden mit nur einem Schüler. Eine weitere Schwierigkeit war für mich am Anfang die Unterrichtsvorbereitung, denn es war schwierig im Internet passende Spiele und Materialien zu finden. Deswegen habe ich mich mit anderen Kommilitoninnen aus der Universität ausgetauscht. Ich habe ihnen Lernmaterialien geliehen (Zungenbrecher) und sie mir (selbstgebasteltes Memory). Um Erfahrungen zu teilen und Fehler zu vermeiden ist, der Austausch unter den Kommilitonen sehr wichtig. Da die Förderschülerinnen und Förderschüler erst diesen Sommer nach Deutschland gekommen sind, war es für mich eine Herausforderung zu entscheiden, ob die Materialien passend sind oder nicht. Es war auch sehr schwierig am Anfang, als sie noch keine Wörter auf Deutsch konnten, da man auch nicht in der Sprache erklären konnte. Die einzige Möglichkeit ist dann mit Zeichnungen und Bildern zu erklären. Ich werde nie vergessen, wie schwer es mir gefallen ist den Herbst zu erklären. Ich hätte nie gedacht, dass es so schwierig sein kann. Ich habe dann einfach Bäume mit bunten Herbstblättern, einen Kürbis, Wolken mit fließendem Regen und einen Igel gemalt.

Meine erste Förderstunde verlief nicht so wie geplant . Ich wollte ein Kennenlernspiel spielen im Stuhlkreis. Dazu sollte immer derjenige, der spricht den Wollknäuel haben. Der kann dann eine Frage einem Schüler oder einer Schülerin stellen und den Wollknäuel der Schülerin oder dem Schüler werfen. Am Ende hat man ein Netz, um es aufzulösen muss man den Wollknäuel der Person zurückwerfen. Da aber nur ein Schüler anwesend war, welches ich auch erst an dem Tag erfahren habe, konnte ich das Spiel nicht spielen. Ich habe dann mit ihm aus seinem Arbeitsbuch gelesen. Danach haben wir eine Aufgabe bearbeitet, wobei man zu der Bildergeschichte die passenden Sätze zuordnen sollte. In der nächsten Aufgabe sollte er aus den kleinen Texten entscheiden, welches Tier gemeint ist. Zum Schluss haben wir ein Brettspiel gespielt. Die Spielfelder gingen bis 99, somit haben wir auch die Zahlen wiederholt. Außerdem habe ich ihn beim Spielen je nach dem auf welchem Feld er dann war auch die auf dem Brettspiel abgebildete Idylle beschreiben lassen.

In der nächsten Förderstunde war dann auch N. dabei. Wir haben uns im Stuhlkreis hingesetzt und haben eine Vorstellungsrunde gemacht. Um das Lesen nochmal zu üben und damit es auch etwas lustig ist, durften N. und Y. Zungenbrecher lesen (s. Anhang). Erstmal habe ich die Zungenbrecher vorgelesen, damit sie bei unbekannten Wörtern wissen, wie man sie ausspricht. Ich habe auch versucht die neuen Wörter zu erklären. Die meisten Wörter sind mir gelungen. Bei den anderen Wörtern habe ich mit meinem Handy übersetzt.

Zum Schluss haben wir ein Spiel gespielt, in dem man so viele Wörter wie möglich, die einen einfallen aufschreiben soll. Dazu habe ich einen Anfangsbuchstaben an die Tafel geschrieben und Y. und N. durften die Wörter nach drei Minuten an die Tafel schreiben. Jedes Wort ergibt ein Punkt, die ich an der Tafel gesammelt habe. Ich habe dabei gemerkt, dass Y. und N. sehr viel Spaß dabei hatten, weil sie sich als Konkurrenten gesehen haben und immer besser sein wollten. Außerdem mochten sie es auch an der Tafel zu stehen und die eigenen Ergebnisse vorzustellen.

In einer meiner nächsten Förderstunden habe ich ein selbstgebasteltes Satzpuzzle zu den Farben mitgebracht (s. Anhang). Es waren Satzteile wie, „Der Himmel ist…" und dazu musste man dann das richtige Puzzle, „…blau", finden. Man konnte das Spiel auch als Memory spielen. Dazu habe ich die Farbpuzzle auf der Rückseite markiert. Der Y. und die N. konnten das Puzzle gut lösen. Mich hat es sehr gefreut, dass sie dabei Spaß hatten.

Danach habe ich die Plakate und die Filzstifte, die ich mitgebracht hatte, ausgeteilt. Sie sollten alle Nomen mit dem Artikel „der", die ihnen einfällt mit dem Bleistift aufschreiben (s. Anhang). Nachdem ich es kontrolliert habe, durften sie es mit dem blauen Filzstift aufschreiben. Wenn ihnen nichts mehr eingefallen ist, haben wir zusammen nach neuen Nomen gesucht. Sie durften auch in ihrem Deutscharbeitsbuch nachschauen. Dasselbe haben wir dann mit grün für Neutrum und rot für Feminin gemacht. Am Ende des Förderunterrichts durften sie die Lernplakate mit nach Hause nehmen und im Zimmer aufhängen. Ich habe ihnen erklärt, dass man keine andere Möglichkeit hat, als die Artikel mit den Nomen auswendig zu lernen, da sie sich ständig darüber beklagt haben. Ich verstehe sie auch es ist halt nicht einfach Deutsch zu lernen.

3. Lerntagebuch für 3. & 4. Fördermonat
3.1 Diagnose

Während des Förderunterrichts habe ich gemerkt, dass Y. immer langsamer ist als N.. Das hatte ich auch in der Assistenzförderung bemerkt. Ich habe überlegt, dass es vielleicht am Altersunterschied liegt und N. viel weiter ist in der kognitiven Entwicklung, aber auch die Schülerinnen und Schüler aus der internationalen Förderklasse, die genauso alt sind wie Y. sind schneller. Vielleicht schreibt er auch einfach nur langsam. Darüberhinaus ist Y. enorm schnell ablenkbar. Dies konnte ich beobachten als ein Schüler, der eine soziale emotionale Störung hat in der Assistenzförderstunde dabei war. Y. war sehr unruhig und unkonzentriert, obwohl er in der Regel nicht in dem Maße so ist. Er hat im Unterricht nicht mehr mitgearbeitet und hat mit dem Schüler zusammen Papierflieger gefalten und geworfen und die Lehrerin konnte nichts machen. Ich war sehr erstaunt Y. so zu sehen. Der Schüler mit der sozialen emotionalen Störung hatte einen erheblichen Einfluss auf die Arbeitsweise und Psyche der restlichen Schülerinnen und Schüler.

Im Gegensatz dazu ist N. sprachlich viel weiter als die anderen Schülerinnen und Schülern der internationalen Förderklasse. Ich konnte das sowohl in der Assistenzförderung als auch in meinem Förderunterricht beobachten. Sie hat einen breit gefächerten Wortschatz und verfügt über einer besseren Syntax, welche man anhand ihrer Sätze erkennen kann.

3.2 Förderung

Da die Schülerinnen und Schüler der internationalen Förderklasse alle ein schnelles Lerntempo hatten, konnte ich nach einer kurzen Zeitspanne von einem Monat schon mit schwierigeren Aufgaben beginnen. Ich habe in einen meiner Förderstunden die trennbaren Verben geübt. Zuerst habe ich an der Tafel trennbare Verben mit N. und Y. gesammelt. Daraufhin sollten sie abwechselnd Sätze daraus bilden. Die Schwierigkeit bestand darin die Verben in den Sätzen zu trennen.

N. war ziemlich schnell in der Lage, die Regel zu verstehen und die Sätze richtig zu bilden. Y. hatte am Anfang sehr große Schwierigkeiten die Regel zu verstehen und Sätze zu bilden. Er hat immer ohne die Verben zu trennen den Satz gebildet. Aber nachdem er das oft genug geübt hat, war er auch in der Lage die Sätze richtig zu bilden.

Als Nächstes wollte ich die Körperteile beibringen, jedoch meinten sie, dass sie die schon können. Ich habe ihnen gesagt, dass sie es dann wiederholen können. Ich habe daraufhin an die Tafel einen Mann gezeichnet und Y. und N. einzeln dran genommen. Ich habe festgestellt, dass sie aber Vieles nicht wussten und die Artikel auch meistens falsch benutzten. Deswegen habe ich sie das mit den Artikeln in ihren Heften abzeichnen lassen. Um die Körperteile zu festigen, haben wir ein Spiel gespielt. Derjenige, der dran ist muss auf ein Körperteil zeigen und die falsche Bezeichnung nennen und im ganzen Satz ausdrücken, dass er Schmerzen hat. Der nächste muss ihn dann berichtigen und wieder die falschen Schmerzen nennen. Wir haben das Spiel gespielt, bis wir alle Körperteile einmal hatten.

Dabei habe ich gemerkt, wie sehr es Y. und N. gefallen hat und wie sehr Spaß sie daran hatten. Sie haben auch viel gelacht, was mir zeigte, wie angenehm die Atmosphäre in der Klasse war. Ich bin froh darüber, dass meine Unterrichtsstunden erfolgreich verlaufen. Nur Y. ist manchmal sehr abgelenkt und hat oft das Bedürfnis aufzustehen und sich zu bewegen. Manchmal lasse ich ihn, da wir sowieso nicht so viele sind und es keinen großen Nachteil darstellt. Er setzt sich dann auch wieder. Vielleicht braucht er das auch, um sich im weiteren Verlauf besser zu konzentrieren.

In einer meiner Förderstunden diesen Monats habe ich eine Stadtkarte aus dem Arbeitsheft, was mir die Lehrerin gegeben hatte mitgenommen. Ich habe erst erklärt wie man mit Präpositionen beschreibt, wo ein Haus liegt. Ich habe sie auch gebeten das in ihre Hefte zuschreiben, damit sie es später nochmal verwenden können, wenn sie es brauchen. Dann haben wir ein Spiel gespielt. Dabei beschreibt man ein Ort z.B. das Kino und beschreibt wo es liegt ohne den Namen zu nennen und der andere soll dann erraten welcher Ort gemeint ist.

4. Lerntagebuch für 5.&6. Fördermonat
4.1 Ausgangssituation

Die internationale Förderklasse wurde in zwei Klassen aufgeteilt, da sechs neue Schüler dazu gekommen sind. In meinem Förderunterricht sind auch erstmal zwei neue Schüler dazu gekommen. Die zwei Schüler A. und S. sind Geschwister und kommen aus dem Irak. A. ist elf Jahre alt und S. ist 14 Jahre alt. In dem sechsten Fördermonat habe ich eine Schülerin und einen Schüler bekommen. E. ist elf Jahre alt und kommt aus Syrien. Seine Muttersprache ist Arabisch. Außerdem hat er als Zweitsprache Türkisch gelernt. K. ist 15 Jahre alt und kommt aus Spanien. Ihre Muttersprachen sind Arabisch und Spanisch. Als Zweitsprache hat sie auch Englisch gelernt. Sie sind erst Anfang 2019 nach Deutschland gekommen. Insgesamt habe ich sechs Schülerinnen und Schüler. Jedoch hatte ich nur einmal die Möglichkeit sie zu unterrichten, da die Osterferien begonnen haben.

4.2 Diagnose

In der Assistenzförderung sollte ich A. und E. mit Bilderkarten Kleidungsstücke beibringen. Da sie erst neu nach Deutschland gekommen sind, konnten sie kein

Deutsch. Ich konnte mich leider nicht mit ihnen verständigen. Y. hat mir geholfen und hat zwischendurch übersetzt. In einer Stunde konnten wir nur paar Kleidungsstücke lernen. Es war sehr schwierig für sie die Wörter zu lernen. Dabei habe ich bemerkt, dass A. garnicht alphabetisiert ist. Er kann weder auf Arabisch noch auf Deutsch lesen. Ich hatte die beiden gebeten die Kleidungsstücke ins Heft zu notieren. Damit sie später auch wissen, was es bedeutet, sollten sie neben dem deutschen Wort auch auf Arabisch die Übersetzung schreiben. Da A. es auch nicht verstehen würde, wenn ich es einem anderen aufschreiben gelassen hätte, habe ich versucht die Kleidungsstücke in seinem Heft zu malen. Damit sie auch wissen, wie das Wort ausgesprochen wird, sollten sie das deutsche Wort, wie man es ausspricht mit arabischen Buchstaben schreiben. Nach einer Doppelstunde konnte sich A. nach mehrmaligen Wiederholen immer noch nicht das Wort Sakko merken. E. hatte dabei keine großen Schwierigkeiten. A. war viel langsamer als E., obwohl sie im selben Alter und auf dem gleichen Deutschniveau sind.

Ich habe A. gefragt, ob er nicht zur Schule gegangen ist. Er meinte er ist nie zur Schule gegangen wegen des Krieges in seinem Heimatland. Das hat mich sehr traurig gemacht. Er ist elf Jahre alt und hat so viel in seinem Leben verpasst. E. war in der Lage die Wörter schneller zu lernen als A.. Wahrscheinlich hängt das damit zusammen, dass er zuvor nie im Schulkontext gelernt hat. A. fehlen auch die Grundlagen in allen anderen Fächern, deswegen haben sich die Lehrer entschieden ihn auf die Hauptschule zu schicken. Damit er bleiben kann, müsste in jeder Stunde jemand sich nur um ihn kümmern. Leider ist so etwas nicht möglich. Ich habe auch mit der Mutter darüber gesprochen. Sie war sehr traurig und wollte nicht, dass sein Sohn die Schule verlässt. Sie hat mir erzählt, dass er zuhause nur weint. Das tat mir sehr leid, aber ich habe der Mutter erklärt, dass das der beste Weg für A. ist . Wenn er auf der Hauptschule gut ist, kann er auch zurück auf das Gymnasium kommen. Sein Bruder S. ist im Gegensatz zu ihm auf die Schule gegangen und ist auch viel weiter in der deutschen Sprache. Dies liegt erstens daran, dass S. älter ist und zweitens wahrscheinlich daran, dass A. nicht zur Schule gegangen ist und A. kognitiv noch weiter zurück liegt, da er keine Lernerfahrungen im schulischen Kontext gemacht hat. Letztlich ist man seit dem Kindergarten in einem Lernprozess und bekommt sehr viel mehr Input als zuhause. A.

darf bis zum Ende des sechsten Fördermonats noch bleiben. K. ist auf dem selben Niveau wie E..

4.3 Förderung

Ich habe in der ersten Stunde mit den neuen Schülern ein Kennenlernspiel gespielt. Wir haben ein Stuhlkreis mit einem Stuhl weniger gebildet, somit stand einer in der Mitte und sollte sich eine Person auswählen, den er eine Frage stellt, angefangen mit dem Namen. Nach der Beantwortung der Frage darf der Stehende sich hinsetzten und der andere fragt. Die Fragen sollten nach dem Alter, der Herkunft, den Hobbys, dem Berufswunsch, dem Lieblingsessen und dem Lieblingstier gestellt werden.

Danach haben wir verschiedene Berufe besprochen und dazu ein Spiel gespielt. An der Tafel sollte jemand eine Person mit dem Beruf und der Umgebung zeichnen. Wer als erstes den Beruf errät, darf als nächstes an die Tafel. Bei einem Lehrer oder Lehrerin haben sie z.B eine Lehrerin gezeichnet, die mit dem Zeigestock an die Tafel zeigt. Alle haben gerne mitgespielt und waren aufgeregt, weil sie den Beruf so schnell wie möglichst erraten und als nächstes dran sein wollten.

Bei dem zweiten Spiel sollten sie ein individuelles Monster an die Tafel zeichnen und es beschreiben z.B „Mein Monster hat sechs Arme und drei Augen..". Es kamen sehr lustige verschiedene Monster heraus. Bei beiden Spiele habe ich erst angefangen, damit sie verstehen wie die Spiele funktionieren, da sie noch nicht so gut Deutsch können.

In der nächsten Förderstunde habe ich für N. einen Text mitgebracht ohne Verben. Die Aufgabe bestand darin die fehlenden Verben zu ergänzen. Da sie schon weiter ist sollte sie die Aufgabe alleine lösen und mir später vorzeigen. Für die anderen habe ich blanko Papier mitgebracht. Darauf sollten die Schüler erstmal die Umrisse eines Menschen zeichnen und dann Kleidungsstücke zeichnen. Diese sollten sie dann ausschneiden und auf den Menschen drauf legen. Jeder sollte dann seinen Menschen vorstellen wie z.B „Mein Mann trägt gerne rote T-Shirts…". Für die Schüler war das machbar und N. hatte die Aufgabe ohne Fehler gemacht. In der restlichen Zeit haben wir alle zusammen ein Memory über Schulsachen gespielt.

4.4 Förderevaluation

Ich bin zufrieden mit meiner Förderung. Ich bin froh, dass die Schülerinnen und Schüler mich mögen und gerne zum Förderunterricht kommen. Am Anfang wollte Y. nie zum Förderunterricht kommen. N. gefiel der Förderunterricht schon seit dem ersten Tag, da sie hoch leistungsmotiviert ist und dankbar für jede Hilfe ist. „Hoch Leistungsmotivierte streben danach, einen bestimmten Leistungsstandard zu erreichen, etwas besonders gut zu machen oder ihre eigene Kompetenz zu steigern." (Müsseler/ Rieger 2017, S.239 f.). Ich habe sie auch sehr oft gefragt, wo sie ihre Schwierigkeiten hat und ob sie etwas Spezielles im Förderunterricht machen möchte. Im Gegensatz dazu war Y. meistens passiv bei den Themen, weil er nicht motiviert war. Als ich ihn gefragt habe, warum er nicht zum Förderunterricht kommen möchte, hat er geantwortet, dass er danach noch Nachhilfe hat. Ich konnte es dann verstehen, dass er nicht möchte. Als ich dann zwei Mal krank war habe ich gemerkt wie sehr er eigentlich den Förderunterricht mag. Die Lehrerin hat mir berichtet, dass ich vermisst wurde und er des Öfteren nach mir gefragt hat. Auch N. hat mir davon erzählt. Als ich dann zurück war hat er sofort gefragt, ob heute der Förderunterricht stattfindet. Er war sehr erfreut mich zu sehen. Ich habe mich auch gefreut, dass er so reagiert hat. Denn so merkt man, dass man nichts falsch gemacht hat und dass man eine gute Lehrer-Schüler Beziehung aufbauen konnte.

Von der Mutter von A. und S. habe ich erfahren, dass sie von mir zuhause erzählen und immer auf den Mittwoch warten, an dem unser Förderunterricht stattfindet. Ich habe mich wirklich sehr gefreut, als die Mutter mir erzählt hat, dass sie mich so sehr mögen. Später hat mir A. in der Assistenzförderung gesagt, dass ich jeden Tag kommen soll. Für mich war dies eines der besten Momente während des Modells. Wenn die Schülerinnen und Schüler mit mir zufrieden sind, wieso sollte ich dann nicht selbst mit mir zufrieden sein? Natürlich könnte ich alles noch professionalisieren, aber dazu habe ich mein ganzes Studium lang noch Zeit.

5. Eigener Kompetenzgewinn

5.1 Fachliche Kompetenzen

Während des Modells konnte ich zahlreiche fachliche Kompetenzen erwerben wie Grammatikkenntnisse des Deutschen auch kontrastiv zu Herkunftssprachen, Diagnose und Förderung im Bereich der Wortschatzarbeit, das Nutzen sprachenübergreifender Handlungsmuster (wie Erzählen, Argumentieren, Erörtern, Diskutieren etc.), Beschaffung und Erstellung von Unterrichtsmaterial, Integration von Deutsch als Zweitsprache in den Fachunterricht, Erkennen von Lernfortschritten, Umgang mit der Unterschiedlichkeit der Förderschülerinnen und Förderschüler (innere Differenzierung).

5.2 Überfachliche Kompetenzen

Darüberhinaus konnte ich auch überfachliche Kompetenzen erwerben wie (Leistungs)motivierung der Schülerinnen und Schüler, Erkennen von und Umgang mit Lernschwierigkeiten, Ängsten, Aggressionen, Umgang mit mutter-(herkunfts-)sprachlichen Äußerungen der Schülerinnen und Schüler in verschiedenen Situationen (in der Fördergruppe, auf dem Schulhof, Code-Switching, ...) ,Vergabe von Leistungsrückmeldungen, Schlichten von Streitigkeiten, Absprachen mit Anderen (Lehrerinnen und Lehrern, Förderlehrerinnen und Förderlehrern etc.), Möglichkeiten der Elternarbeit (Eltern "ins Boot" holen, sprachanregende Umgebungen in bildungsfernen Haushalten schaffen, …).

5.3 Hilfestellung durch das Begleitseminar

Durch das Modell habe ich sehr viele Erkenntnisse und Erfahrungen gewonnen. Alle, die an dem Modell teilgenommen haben, gehören zur Elite. Nicht jeder hat einfach die Möglichkeit im Lehramtsstudium die Theorie mit der

Praxis zu verbinden. Natürlich ist das Eignungs- und Orientierungspraktikum eine Pflicht, aber das kann man noch nicht mal mit dem Dortmunder Modell vergleichen. In dem Praktikum hat man vielleicht nur ein- oder zweimal die Möglichkeit eine eigene Unterrichtsstunde zu halten, aber wir haben die goldene Karte. Wir dürfen, schon bevor wir überhaupt Lehrerin oder Lehrer sind, Förderlehrerin oder Förderlehrer sein. Ich finde das muss auch so sein, denn nur so kann man wirklich wissen, ob man für den wichtigen Lehrerberuf geeignet ist.

Wie wir auch im Reflexionsseminar immer besprechen, ist der Lehrerberuf, der Beruf, der die Welt in den Händen hält. Denn die Lehrerinnen und Lehrer erziehen die Kinder zum mündigen Menschen der Zukunft. Fast in den meisten Sitzungen des Reflexionsseminars ist das Thema die Welt retten und wenn wir das nicht schaffen, können wir wenigstens die Stimme erheben, wenn Ungerechtigkeit herrscht. Genau sowas und auch aktuelle politische Themen werden in keinem Seminar noch nicht mal ansatzweise erwähnt, umso wichtiger ist es für uns als zukünftige Lehrer aufzustehen und auch unabhängig von dem Kernlehrplan den Schülerinnen und Schülern die Augen zu öffnen. Dies ist mit dem Allgemeinwissen die größte Erkenntnis, die ich im Laufe des Seminars erworben habe. Dazu haben wir noch Diskussionen über das Hochschulsystem, die gesellschaftliche Stellung des Lehrers, die Manipulation der Medien z.B durch Euphemismen und den Balkankrieg geführt.

Im Bereich der kontrastiven Linguistik haben wir die deutsche flektierende Sprache mit der türkischen agglutinierende Sprache verglichen. „Jede lexikalische Ableitung und jede grammatische Kategorie erhält eine eigene eindeutige Endung. Die Endungen werden in einer festgelegten Reihenfolge angereiht („agglutiniert" (‚angeklebt') - daher der Name des Sprachtyps: „agglutinierende Sprache")" (Hoffmann 2016, S.605). Im Gegensatz zum Deutschen weist das Türkische eine eindeutige Phonem-Graphem-Korrespondenz auf.

Wir haben im Begleitseminar noch viele weitere Themen behandelt wie die Etymologie von Wörtern,, die Pluralbildung, die synthetische Wortbildung, die Lexikographie, die Präpositionsvielfalt im Deutschen, und die Genuszuordnung bei Substantiven. Ferner haben wir auch über die Phonetik gesprochen. Durch die Umlaute entsteht ein Kussmund, welches für die Sprecher vieler Sprachen sehr schwierig ist, da dort keine Umlaute vorhanden sind. Darüberhinaus ist die Vokallänge als auch die Umstellung der Wortteile in einem Satz bedeutungsunterscheidend. Außerdem hat auch ein Austausch über bilinguale Paare und der Sprachentwicklung deren Kinder stattgefunden. Der Umgang mit verschiedenen Kulturen und Religionen wurde ebenfalls im Begleitseminar thematisiert. Man könnte z.B die Bedeutungen der Namen der Schülerinnen und Schüler fragen, da die Namen in vielen Sprachen eine interessante Bedeutung haben. So kann man eine bessere Beziehung zu den Schülerinnen und Schülern aufbauen.

Ein weiterer wichtiger Punkt ist auch,, dass man anstatt „Migrationshintergrund" „Migrationsgeschichte" sagen sollte. Obwohl ich selbst eine Migrationsgeschichte habe, ist mir nie aufgefallen, dass „Hintergrund" eigentlich negativ konnotiert ist. Wahrscheinlich habe ich und die meisten einfach gedacht, dass es immerhin besser ist als der Begriff „Ausländer" und haben uns dann so zufrieden gestellt ohne darüber nachzudenken. Der Begriff geht nicht mit einer Identifikation und einem Zugehörigkeitsgefühl einher. Er ist eine Fremdzuschreibung und klingt „[…]wie eine Krankheitsdiagnose […]" (El-Mafaalani 2018, S.54). „Jedes dritte Schulkind hat eine internationale Geschichte" (El-Mafaalani 2018, S.55). So ist es umso wichtiger, dass wir als Lehrpersonen sensibler mit diesem Thema umgehen. Der Begriff „Migrationsgeschichte" ist viel liebevoller, denn es ist meiner Meinung nach mit emotionaler Wärme verbunden und somit positiv konnotiert. Es übergibt die Nachricht „Ich wertschätze deine Geschichte". Für die Schülerinnen und Schüler ist es sehr wichtig, das zu spüren. Umgekehrt ist es auch sehr wichtig, als Lehrer diese Verbindung aufbauen zu können, um auch eine schöne Atmosphäre herzustellen.

In der Zukunft könnte man im Reflexionsseminar, wie der Name schon sagt mehr reflektieren. Es wäre besser gewesen, wenn wir unsere Erfahrungen ausgetauscht hätten und uns gegenseitig Tipps gegeben hätten. Außerdem könnte man auch mehr über die Sprachwissenschaft und DaF/DaZ erfahren und lernen. Allgemein zum Dortmunder Modell könnte man zum Beispiel auch einen Moodle- Raum erstellen. Für jedes Fach und jede Klasse könnte man einen Ordner erstellen und dann Unterrichtsmaterialien von seitens der Dozenten und den studentischen Förderlehrerinnen und Förderlehrern hochladen. Das würde dann nicht nur den jetzigen studentischen Förderlehrern helfen sondern auch denen, die das noch auch nach Jahrzehnten machen werden.

Das Studium sollte auch mehr Praxis beinhalten, denn man kann in der Erziehungs- und Bildungswissenschaft die Theorien nicht anwenden. Viele lernen für die Klausur die Theorien und vergessen sie nach der Klausur dann wieder. Man müsste die Theorien schon vorher mit der Praxis verbinden, um das vorzubeugen. Außerdem sollte auch der Aspekt der Körpersprache und der nonverbalen Kommunikation ein fester Baustein in der Lehrerausbildung sein. Die Körperkompetenz ist unerlässlich im Lehrerberuf, denn sonst fühlen sich die Lehrerinnen und Lehrer gestresst und den Anforderungen nicht gewachsen. Die „Potsdamer Lehrerstudie" (Schaarschmidt und Kieschke, 2001) zeigt, dass die Lehrerinnen und Lehrer, die den Belastungs- und Risikomustern zugeordnet werden, sich selbst Kompetenzdefizite bescheinigen. Sie beklagen, dass sie in ihrer Lehrerausbildung dies nicht ausgebildet wurde. Zudem haben sie große Mängel im sozial-kommunikativen Bereich. Anhand der Körperhaltung, Richtungsenergie und Präsenz kann man die Selbstbehauptung, Durchsetzung und die Konfrontationstendenz ablesen. Die Rücksichtnahme zeigt sich am Raumverhalten und der Intonation. Die Mischung aus den oben genannten Punkten, der Aktivität wie z.B die Körperbewegung oder die Körperanspannung und der Empfindlichkeit, die mit der Atmung und dem Blickverhalten konnotiert ist, spiegeln sich im Körperausdruck und entsprechend im individuellen Selbstwertgefühl wieder (vgl. Kosinár 2008)

5.2 Besondere Vorkommnisse & außergewöhnliche Maßnahmen

Die Schule war in meinem Fall sehr unorganisiert. Man könnte den Elternbrief für den Förderunterrricht früher losschicken, um so etwas was mir passiert ist zu verhindern. Die ausgewählten Schülerinnen und Schüler konnten nicht teilnehmen und ich konnte an dem ersten Tag meiner Förderstunde nur mit einem Schüler arbeiten. Danach wurde sich auch nicht darum gekümmert, dass ich mindestens drei Schülerinnen und Schüler habe, obwohl ich die Lehrerin darauf aufmerksam gemacht habe. Es gab einen ständigen Schülerwechsel, welches nicht der Sinn des Modells ist. Denn dies hat sowohl einen Einfluss auf mich als auch auf meine Schülerinnen und Schüler. Auch als die neuen Schülerinnen und Schüler im fünften und sechsten Monat dazu kamen, war es ziemlich unorganisiert. Die Schülerinnen und Schüler haben in der Assistenzförderstunde ihre Eltern angerufen und nach der Erlaubnis dann spontan an dem Förderunterrricht teilgenommen.

In der Assistenzförderung kamen einige Schüler nach der Pause zu spät. Die Maßnahme der Lehrerin war es die Tür abzuschließen. Als sie dann die Schüler etwas vor abgeschlossener Tür warten lassen hat, hat sie dann die Tür aufgeschlossen und hat laut schimpfend auf ihre Uhr gezeigt. Meiner Meinung nach ist dieses Verhalten pädagogisch fragwürdig. Daraufhin hat sie gedroht die Verspätung jedes Mal aufzuaddieren und beim Erreichen einer Stunde die Schüler nachsitzen zulassen und die Eltern anzurufen.

Die Aussprache von N. ist aufgrund seiner Muttersprache Vietnamesisch nicht gut. Ich vermute, dass es wahrscheinlich aufgrund von phonetischen Interferenzen zu Problemen kommt. Die Lehrerin korrigiert die Aussprache von ihm nicht, weil er sonst noch mehr von seinen Mitschülern ausgelacht wird. Ich weiß nicht, ob das die beste Methode ist, um mit dem Thema umzugehen. Aufgrund dessen kann N. nicht wissen, wo seine Fehler sind. So verhindert man, dass er seine Aussprache korrigiert. Auch wenn es schwierig für ihn ist und man denkt bei seiner Wiederholung z.B eines Wortes ändert sich nichts an seiner Aussprache, sollte man nicht aufgeben. Vielleicht kann man die minimale Differenz nicht hören, aber würde es später beim öfteren Wiederholen hören.

Wie in vielen Schulen wird auch auf dieser Schule der Gebrauch der Erstsprache unterbunden. Die Sorge ist, dass man bei der Aneignung der Zweitsprache beim Mischen Fehlbildungen entstehen und diese dann bleiben können. „Dabei wird übersehen, dass Kinder, die zwei Sprachen von Geburt an lernen, schon früh zur Trennung der (grammatischen) Systeme in der Lage sind" (Colombo-Scheffhold/ Fenn/ Jeuk 2010, S.29).

5.3 Zukunftsperspektive

Nach meinen Erfahrungen bin ich nun zu dem Entschluss gekommen, dass der Lehrerberuf genau der passende Beruf für mich ist. Am wichtigsten ist, dass man Spaß an seinem Beruf hat, da man dies sein ganzes Leben lang ausüben wird. Schon am ersten Tag hat es mir sehr Spaß gemacht mit den Kindern zu arbeiten. Ich selbst mag Kinder sehr, sie geben mir positive Energie und motivieren mich gleichzeitig.

Meine Tätigkeit als studentische Förderlehrerin beeinflusst meine Vorstellung von mir als zukünftige Lehrerin sehr. Diese Tätigkeit gibt mir selbst eine Reflexion als Lehrerin und zeigt mir, wo meine Stärken und Schwächen sind und was ich schon gut beherrsche und was ich mir noch aneignen muss. Zu meinen Schwächen gehört die Unterrichtsvorbereitung, obwohl es nach meinem Dozenten eigentlich keine Schwäche ist. Man sollte besser unvorbereitet in den Unterricht gehen, dennoch könnte ich meine Unterrichtsvorbereitung professionalisieren, zum Beispiel indem ich Arbeitsblätter selbst gestalte oder andere neue kreative Unterrichtsmethoden entwickle. Zu meinen Stärken gehört die Organisation und das Zeitmanagement im Unterricht.

Durch die hervorragende Erfahrung, die ich in meinen eigenen Unterrichtsstunden machen durfte, habe ich aktiv überlegt wie man die ganzen Theorien, die man in der

Universität vermittelt bekommt, in der Praxis umsetzen könnte. Diese Umsetzung würde viel Zeit und Kraft in Anspruch nehmen, doch ich denke das dies mit viel Motivation und Wille geschafft werden kann. Denn als Lehrer hat man sowohl die Pflicht im Unterricht auf sehr viele Aspekte Acht zu geben, als auch dabei seinen eigenen Unterricht erfolgreich zu vermitteln.

Da ich später in meinem Lehrerberuf auch zusätzlich im DaF-DaZ Bereich tätig sein möchte, ist das Dortmunder Modell optimal, um Erfahrungen zu sammeln. Durch die vielen didaktischen Vermittlungen in der Universität über den Unterricht ist man in diesen Themenbereichen sehr frisch und aktuell, sodass man dies auch gut beobachten konnte. Eine Konsequenz für meinen weiteren Lernweg wäre: Egal wie viel theoretisches Wissen man besitzt, sollte man immer im Auge behalten, dass die praktischen Erfahrungen, die man in der Rolle des Lehrers sammelt, unersetzbar und einzigartig sind. Zwar sind alle Theorien, die wir lernen sehr wichtig für das Wissen einer Lehrkraft und einer angehenden Lehrerin und einen angehenden Lehrer, doch man darf nicht vergessen, dass in der Praxis vieles auch anders und ungeplant verläuft.

Während des Modells hatte ich einen ausführlichen und guten Einblick in den Berufsalltag des Lehrers. Zuerst hatte ich mich gewundert, wie wenig Freizeit Lehrer haben und wie stressig ihr Alltag verläuft. Sie haben in den Pausen nur wenig Zeit zum Essen oder sich für ihren nächsten Unterricht vorzubereiten. Das Lehrerzimmer ist immer voll von stressigen und hektischen Lehrerinnen und Lehrern, Schülerinnen und Schülern, Referendaren und Praktikanten. Der Beruf nimmt einem Menschen sehr viel Energie und Geduld. Dass Lehrerinnen und Lehrer oft an Burnouts leiden, konnte ich gut nachvollziehen. Sie sind gleichzeitig Erzieher als auch Lernbegleiter. Viele Lehrerinnen und Lehrer können dies nicht im Gleichgewicht halten. Dennoch finde ich, dass die Zuneigung und Aufregung der Schülerinnen und Schüler bei erfolgreich gemeisterten Unterrichtsstunden den ganzen Stress und die ganze Aufregung vergessen lassen.

Nach den Erfahrungen, die ich sammeln durfte empfinde ich, dass die Beziehung zwischen der Lehrerin oder dem Lehrer und der Schülerin oder dem Schüler sehr wichtig und ausschlaggebend für einen erfolgreichen Unterricht ist. Denn ich konnte spüren, dass meine Freundlichkeit, Motivation und meine Freude am gemeinsamen Lernen sich positiv auf die Schülerinnen und Schüler wirkte und sie mir das selbe spüren lassen haben.

Schlussfolgernd kann ich sagen, dass der Lehrerberuf genau der passender Beruf für mich ist. Ich bin froh darüber, dass ich die Möglichkeit hatte auch selbst in der Rolle der Lehrerin sein. Denn nur so kann man nachvollziehen, wie es sich anfühlt Lehrer oder Lehrerin zu sein. Nur dadurch kann man auch die Entscheidung treffen, ob man wirklich das Passende studiert.

Der Beruf des Lehrers ist ein sehr bereichernder Beruf für die Gesellschaft , denn die Lehrerinnen und Lehrer erziehen die Kinder zum mündigen Menschen und Bürger der Zukunft.

6. Schulformspezifik

Die Schulform meines Studienganges deckt sich mit der Schulform des Dortmunder Modells, woran ich teilgenommen habe. Dafür bin ich sehr dankbar, denn so konnte ich sehen, ob die Schulform, die ich studiere das Richtige für mich ist.

Das Gymnasium und die Gesamtschule unterscheiden sich von den anderen Schulformen durch die gymnasiale Oberstufe. Diese ist unterteilt in die einjährige Einführungsphase und in die zweijährige Qualifikationsphase. Mit der abschließenden Abiturprüfung können die Schülerinnen und Schüler die allgemeine Hochschulreife erwerben.

Nach meinen Beobachtungen und meiner eigenen Schullaufbahn sind viele Schülerinnen und Schüler auf dem Gymnasium konzentrierter und leistungsmotivierter.

Der Unterricht verläuft störungsfreier und mit mehr aktiver Teilnahme. Während meiner Hospitation habe ich auch bemerkt, dass bereits in der fünften Klasse im Deutschunterricht die Lehrerin den Schülerinnen und Schülern weder schriftlich noch mündlich nicht erlaubt Umgangssprache zu benutzen. Ich kann mich sehr gut daran erinnern, dass auf der Realschule keiner, das so ernst genommen hat. Ich finde es enorm wichtig, dass man dies früh genug fördert, damit die Schülerinnen und Schülern später keine Probleme haben umgangssprachliche Bezeichnungen zu ersetzen. Ein weiterer wesentlicher Unterschied ist, dass man auf der Realschule intensiv auf das spätere Berufsleben vorbereitet wird. Wir hatten auf der Realschule z.B. Berufswahlorientierung als Unterrichtsfach. Im Gegensatz dazu werden die Schülerinnen und Schüler auf dem Gymnasium nur für das Studium vorbereitet, was sehr schade ist.

7. Literaturverzeichnis

- Colombo-Scheffhold, Simona/ Fenn, Peter/ Jeuk, Stefan/ Schäfer, Joachim (Hrsg.) (2010): *Ausländisch für Deutsche. Sprachen der Kinder - Sprachen im Klassenzimmer.* 2., korr. u. erw. Aufl., Freiburg im Breisgau: Fillibach Verlag
- El-Mafaalani, Aladin (2018): *Das Integrationsparadox:Warum gelungene Integration zu mehr Konflikten führt.* Köln: Kiepenheuer & Witsch.
- *Graefen, Gabriele/ Liedke, Martina (2012): Germanistische Sprachwissenschaft. Deutsch als Erst-, Zweit- oder Fremdsprache.* 2. Aufl., Tübingen: UTB.
- Hoffmann, Ludger (2016): *Deutsche Grammatik. Grundlagen für Lehrerausbildung, Schule, Deutsch als Zweitsprache und Deutsch als Fremdsprache.* 3., neu bearb. u. erw. Aufl., Berlin: ESV.
- Kosinár, Julia (2008): *Körperbasierte Selbstregulation - Basis für die Ausbildung von Kernkompetenzen im Lehrerberuf.* In:Empirische Pädagogik. Zeitschrift zur Theorie und Praxis erziehungswissenschaftlicher Forschung 22/3
- Müsseler, Jochen/ Rieger, Martina (Hrsg.) (2017): *Allgemeine Psychologie.* 3. Aufl., Berlin Heidelberg: Springer.

BEI GRIN MACHT SICH IHR WISSEN BEZAHLT

- Wir veröffentlichen Ihre Hausarbeit,
  Bachelor- und Masterarbeit

- Ihr eigenes eBook und Buch -
  weltweit in allen wichtigen Shops

- Verdienen Sie an jedem Verkauf

Jetzt bei www.GRIN.com hochladen
und kostenlos publizieren